張天方著

圖象文字研讀

文史哲出版社印行

圖象文字研讀

著者：張天方
出版者：文史哲出版社
登記證字號：行政院新聞局局版臺業字〇七五五號
發行所：文史哲出版社
台北市羅斯福路一段七十二巷四號
郵撥〇五一二八八一二彭正雄帳戶
電話：三五一一〇二八
印刷者：文史哲出版社
實價新台幣一四〇元
中華民國八十一年一月初版

ISBN 957-547-097-4

引言

張健

我的大伯父天方（諱鳳）先生，是一位三十年代即已馳譽江南的古文字學學者。他是巴黎大學文學博士，抗戰勝利後曾擔任上海暨南大學教務長。暨大南遷後，轉入浙江師範學院任教。他平素不僅鑽研甲骨文、鐘鼎文，更酷嗜吟詩，曾有「非非室詩集」問世。

今年（民國八十年）六月十四日，我在北京見到一別四十餘年的堂妹張平，她現在是北京中國石油化工總公司的高級工程師，歡聚之餘，取出先伯父的學術論著「圖象文字名讀例」（出版時改名「圖象文字研讀」），要我閱讀後推介台灣出版界出版，我欣然答應了。

回台北後，承蒙文史哲出版社的彭正雄先生慨允出版，使我得以不負所託，特誌緣起如上，以饗讀者。

八十年六月二十四日

圖象文字研讀　目次

圖象文字研讀

前　言

我們中國的象形文字，時時在新生，時時在蛻化，新生到二三〇字，加二八五字，再加左右偏旁五四個，還是方興未艾，變化無窮的。返觀歷時期蛻化的陳跡，在許叔重說文解字以前的有籀文古文奇字鐘鼎文石鼓文，及八十餘年前發現的安陽龜甲獸骨上的殷商占卜文字，近頃發現的長沙南陽的楚國墓葬簡冊上的繁瑣文字，還加上甘肅考古記中彩陶上之日形雞形犬形等圖形，我們浙江良渚發掘報告中黑陶橢圓瓦盆邊緣上的圖形（現存北京歷史博物館）。我這裏想要試讀的是一種歷時長久，散佈遼遠的文字，人們、學者們却熟視無覩，從宋代到現在，不能整個通讀，不能個別分讀，而祗是模糊影響，說它們是象形文字，不細究它們究底是什麼形，象什麼事，這眞是所謂「欽其爲寶而莫名其器」了。

我要名讀它們，這種文字，確是一種文字，象形文字，發現在商周時代的銅器上的，推其年代，至少與甲骨文同時，或者更比甲骨文要早些，列證在後。

什麼圖象文字？圖象文字，它們多數刊刻在銅器銘文之前，少數刊刻在器銘之後的。刻在銘前，或刻銘後，也有時代先後的關係。

茲分名稱、文獻、作器、讀法、類例、傳款等，試爲探討且舉例以名讀之。

一、名稱

這裏我用圖象文字爲名稱，是有所選擇的，以前的考釋家沒有替這些文字擬定一個便於稱道的名稱，說是包括在鐘鼎文字、金文款識象形字之內，他們遇到這一類的刊刻或文字，就支離破碎地說是象某形某形，又或說象某形中有某形，象某形上或下着某形，綜合他們的意見，以爲這些是象形文字，這樣說就算了，不想去讀通它，這樣的：他們遇到人形就說是人形，鳥形就說是鳥形，亞字形就說是亞形，干戈形就說是干形戈形，不想解決這一些迷人的謎語，這怕不是忠於研究學術的好態度罷！

這樣下來，從宋的宣和博古圖、考古圖，到明之杭人薛尙功的鐘鼎款識，到清之阮元的積古齋款識徐同柏的從古堂款識吳大澂的集古錄，書卷名齋堂名都以古爲號召，而款識兩字又曾鼎盛一時的成爲一種專門的學問——款識學。

法國教士費達著「中國文學」一書，首列此種圖象，企圖爲之說明，他未見甲骨文字，意以爲此乃中國文字之先河，此見誠是。但他以宗教的唯心意識，認這是子孫崇拜祖先的表見，所以他看有足跡形則曰「此子孫依週在祖父跟下」用成語「盤桓膝下」爲證。見有雙目形，則曰此祖宗靈爽，炯視在上之表示，無論他的認識是否正確，但是他的企圖解釋此種圖象，倒亦別致。

到得近時時人的見聞廣了，知識多了，說法也通達了，如現時科學院院長郭沫若先生在他的青銅器研究書中，說到這一類的文字，被稱爲「圖騰」，又被稱爲「族徽」，有一個概括而又具體的名字便於我們稱道而又可想像了。至於他所舉的軒轅氏圖騰的例子，那又不能服人而滋疑太多了，因疑而擯斥其所謂圖騰與族徽之稱謂，那又未免「因噎廢食」了。

我前時曾寫過三四篇文章，對於這些的稱謂，名它們爲圖繪文字，引用埃及學者 Hyerogrâppie 之名稱，謂既是圖繪，又是文字，繼續尋思，埃及文字是一半圖形一半聲音構成之文字，倘以我國六書中之「形聲」一名，被之於埃及文字倒可；以 Hyerogrâppie 一名加在我們在此所欲研究之形象上，不相吻合。近人容庚氏的金文編的附錄中所列諸文，他名之爲「圖象文字」，較順適，亦較切近，茲從之。

二、文獻

講到形象或圖象，我們最古的文獻，要以虞書益稷篇之「予欲觀古人之象：日、月、星、辰、山、龍、華蟲，作會作宗彝、藻、火粉、米黼黻絺綃，以五采彰施於五色，作服，汝明。」上舉日、月、星、辰等，說者總稱之十二章，這十二個形象中，前六事分明有作會、作宗彝句，後六事，分明言用以作服，在儒道合糅之漢學家，以十二事納於五采五色，都歸併於作服而言，又分別爲天子諸侯士大夫之尊卑服制，又增設其辭曰「上得兼下，下不得兼上」，又有以十二章爲旗斿之飾，不知何以都放棄作會作宗彝一句而不講，今按會爲繢，爲繪事，是另一回事，可以擱過不講，而作宗彝句，分明說是明此日月星辰山龍華蟲等，除繪事外，兼施於宗廟之尊彝的，我們現在所欲研究之圖象文字，是否即導始於十二章之一半，六章之根據否？尚未！當別有所在。

此六章究屬何象？當時帝舜何以欲觀察之？又何以欲明辨之？按此六章，日月星辰爲天象，山爲地象，龍（馬、獸屬）與華蟲（雉、禽屬）爲物象，都是自然界的形象，最爲先民所熟曉而且崇視，以此等事物作繪於牆壁上者有之，於山石上者有之，今以之施於宗彝、家廟中用以祭祀之器，於是有宗法宗教之意義，帝舜所以欲觀察而明辨者，或在乎此。

另有一種文獻，記載圖象之事，我們須得知曉，以便幫助我們了解上述所謂古人之象的施用，及附帶認古語今語之轉變，周禮、秋官、司約文：「書於丹圖」，這丹圖字何解？注家謂：「丹圖非器，盤簋之屬，有圖象者」。得此「丹圖」一詞，我們可以得到三點知識：㈠知曉圖象是確有施用於器件者。㈡今時出土陶器在采圖之外另有一種赤色花紋，描繪在器件上，日本人叫它「赤繪陶器」。㈢「丹圖」二字在今漆工業，水木工業中，尚保存這名稱，在器件上堆垛的浮雕圖案者，亦名堆圖或堆垛、堆塗名稱與事物一致，允為古語。

我們閱看安迪生之甘肅考古記彩陶器上所畫之雞形日形犬形等物，又觀本省（浙江省）良渚黑陶邊緣上之圖形，都是施於用器上的，那麼用日月星辰等圖形作宗彝，是民族學上最習慣之作為，稽之於古、徵之於今，是為最自然不過之事。

古器中有虎彝（俗名虎頭彝）、蜼彝、鳳彝、饕餮文、蚩尤文、黃金曰目文，皆銅器上堆垛圖案演變，而是所謂古人之象之遺存至今者，綜此形象在先時為各別之族徽，到今時為國人共有之族徽，所以在不久以前人們的結婚證書上、外交使節之門楣上都用此十二章為裝飾。

「圖騰」一名詞，我國無其說而有其事，自部落崩潰而演為民族，於是有姓氏、有門楣、有閥閱，自圖畫簡易而為文字，於是有字號、有簽押、有印記，如是等等皆為圖騰或族徽之流亞。

日本人濱田耕作作東北考古記有各族共祀之神廟，在神廟前，往往可見到各種不同形式之竿木，我國回民畬民亦有圖騰，又我人遊清故宮，在內花園西邊門入西宮處，左首有一竿木，上有神秘之符號，此即是滿族之圖騰，每當臘正之際，當時的宮人輒祠禱於此，此物在五十三年、五十六年時我曾兩次遊故宮，見其還存在於宮庭之中，至我漢族之圖騰或族徽，則一變再變，虞舜尙言欲「觀」欲「明」蛻化而爲共同之彝隮飾物，爲考古家所有事。

查圖騰族徽之事，我國有之，圖騰之說，來自外域，美洲土人各族家有所祀，每揭竿於戶外，上刻畫其所奉祀之物爲植物，或爲熊、狼、龜、蛇、鵂鶹、鶅鷊之屬，此與清宮中所揭之竿木同一意義。

吾人既明圖騰、族徽，演變而爲閥閱、門楣、棹楔、牌坊等事，進而探討我們所欲研究之圖象文字，在意識上已漸進一步，然猶未也！

閥閱者，書功狀以榜於門之謂。在門左者曰閥，在右者曰閱，史記功臣年表：「人臣功有五品，明其事曰閥，積時曰閱。」冊府元龜：「正門閥閱，一丈二尺而柱相去一丈」，按所說不同，因時代異，制度亦異，實即前代臣族門前所建立之竪匾近是，明清時代之棹楔牌坊同意，此處從略不贅。門楣即旗杆，明以前即有此，杆上曳旗，旗上書官銜，此應考唐六典，明清會典五禮通考等著述，可明其或多或少，由圖騰演變而來之痕跡，本文之目的在探求最古文字之原始，不在考核後世族徽之遺跡，故亦略過不再提。

三、作 器

器何爲而作？倘使是尋常日用之賃器，雖在物力維艱之古時，珍惜器皿，此心此理，古今人相去不致大有懸殊，而古人對於宗廟中之器物，十分重視，一則曰：「宗器不出彊」，再則曰：「名器不可以假人」，三則曰：「祭器不鬻」。又孟子言「遷其重器」，左傳載楚子使人問鼎之大小輕重，吾人因此而可知曉古人對於宗廟祭祀用器之重視，與尋常賃器有別。

不特此也，阮元在他的積古齋鐘鼎彝器款識中商周銅器說下篇內所引舉：

有立國分器：書序武王封諸侯班宗彝作分器

左傳定公四年魯公司彝器分康叔唐叔

有朝享賜器：左傳莊公十一年周王予虢公以爵

左傳昭公七年晉侯賜子產以鼎

有以小事大而賂以重器者：

左傳成公二年齊侯賂晉以地而先以紀甗

左傳襄公十九年魯公賄晉卿以壽夢之鼎

左傳襄公二十五年齊人賂晉以宗器

左傳又陳侯賂鄭以宗器

左傳昭公七年燕人賂齊以斝耳

左傳昭公十六年徐人賂齊以甲父鼎

左傳襄公十一年鄭伯納晉以鐘鎛

有以大伐小而取爲重器者：

左傳襄公十二年魯取鄆鐘

呂氏春秋齊求岑鼎

有爲述德儆身之器：

左傳昭公三年祭統述孔悝之銘

仝上年叔向述讒鼎之銘

左傳昭公七年孟僖子述正考父之銘

晉語史蘇述商衰之銘

有自矜功績作銘者：

左傳僖公十二年禮至銘殺國子

左傳襄公十九年季武子銘得齊兵

有鑄政令於器者：

周禮秋官司約書約劑於宗彝

左傳昭公六年晉鄭鑄刑書於刑鼎

且有以天子之社稷與鼎共存亡者：

左傳宣公三年武王遷商九鼎於洛邑

楚子問周鼎

戰國策秦興師求周鼎

以上所徵引之文獻皆見阮元積古齋鐘鼎款識，阮元自作前序，後有朱爲弼所作後序，又列舉作器款識有教孝教忠教慈教悌教謹慎恭儉者，從略不具述。

綜合評論阮朱兩人分析銅器之珍貴之意義之作用等，可以兩點概括之，阮氏由封建觀點出發而論列王朝之制度，強弱之侵凌，國土之存亡，極言諸器之可寶而未及文字之原始，朱氏由道德觀念出發，而發揮了儒家的具體思想，補充了後人的抽象概念，未及講到圖象文字的本身，却是另一回事。

在我看來，除銘詞中成文的句語不論，單就某些不成文而僅是形象的繪畫中尋繹出若干體系：㈠王朝統治之形成，㈡貴族階級之進展，㈢武士道之繼續，㈣錫賚之繁多，㈤殺人祭之存在，㈥畋獵飲酒等之享樂，㈦征伐好戰，㈧女權低落，㈨奴隸與奴隸主，㈩特別是戰俘之待遇，有各種形式，㈩其他不能明曉而尚待進一步研究的甚多，其道德觀念、儒家思想、子孫主義，乃是後來之事，在初期之圖象文字中，看不出來，但看見旌賞、表揚、職司、典守、授田、賜奴、獻俘、服猛、從畋、從狩、從獵、從漁、從征、從旅、牧馬（豢龍）、牧牛、牧豕、牧羊，凡大師徒、大行旅、大徭役等事，都有功可紀，授受之後，作爲祭器供在家廟作爲榮典，傳子孫，紀王恩，表顯其爲特殊地位造成一種崇高的貴族階級，演變其爲族徽之形制，再看見其也有僅表虛榮的名譽獎勵，空着一個告諭、旨、令、勅、冊、中、史等簡單初文，而爲後世之廟堂典謨文章之濫觴，又看見其賞賚物件之實在形狀，有可名，有不可名的種切，如冠服成一大類，如旌旗多種，如財貨之皮革、骨角、齒牙、金貝等等。又有馬服車服上的各器形，往昔經學家講制度文物的人，可從此中特出研究其各種品彙匹儔。

我的看法如是，與阮元朱爲弼兩人異，這正因爲三個人階級地位學習等等不同，所以有此不同的觀感，此可以留待別人之批評者。

四、讀法

如何名讀這些不成文的圖象文字。

一、根據陳簠齋的看法，前商務書館合印的張叔未陳簠齋兩種鐘鼎款識，陳氏在東武劉氏款識內，伯旂鼎一條下，註「古器冊稑□等字，每不關正文」，此卓識可佩，在他處函信中，亦論及商器銘文上頭一二字形體較銘文大，地位略與銘文離開，其意亦謂此種較大而離開之文字，應與銘文離讀。

那末，我們揀大型的形象看，也要把略與銘離開的來看，一字形較大，二地位距離，已標幟著特殊化的族徽意義。

二、在這些特殊化之族徽中，我們不能用讀尋常文句的讀法，一例從上挨次讀下，有時要顚倒讀從下至上，方見它的意義，我前解「析子孫」形象，爲獻俘於床俎上之意，即本此法。

三、由內而外或由外而內看法。

四、由左至右或由右至左看法。

五、整體的看法　　如童子軍通訊符號看法。

六、形有對稱排　　這是爲美觀整齊之故。

七、象有塡實虛構者。

八、文有繁縟省減者。

九、有隨俗約成而含有可讀之初文者。

十、此等圖象刻在銘文前面，首列者居多數，是商器，刻在末行後面，爲補湊行款者少，是商末或周初之器，這是辨別商周銅器，在以一二爲人名之一例外，也是一個大例。

總上數則，我們從而可以得到一象形文字之概念，所謂隨體詰屈畫成其物者近是。若用後世六書形成之看法，審視其中已有從聲音而假借之法，此尤是爲講文字學者添加一個新例；即在純象形圖文中能夠代到由聲音的相同而可以假借，至其他四書，或能有，或可無，當另爲研究。

六朝廋詞，在子夜清商等曲中，有借蓮爲憐、借藕爲偶爲你、借梧爲吾、梧子爲吾子等，是不應文字圖形以純聲音爲假借，此廋詞的所以爲廋詞，與我們所要名讀的圖象文字略有區別。無已，漢磚文中因某一時期，墓葬中禁用有字物品，聰明的工匠們，在磚墳上，用魚形代替「有餘」，用錠榫形代替「吉」與「勝」，用象代替「祥」，此可以取譬而藉以啓發吾人名讀圖象文字之補充的幫助。

五、類例

這裏，我舉四個大例加以說明：⑴廟堂例說，⑵獻俘例說，⑶伏猛例說，⑷廟見例說。

⑴廟堂例說（圖見版一、版二、版三，世室八例，重屋十例，明堂卅六例）

版一　廟堂例一——世室

1.

金文編附卷下一三三頁（下準此）

2.

殷文存・爵類・二類（下準此）

3.

金・附下一三二

4.

殷・爵・十四

5.

金・六・七

6.

金・六・七

7.

金・六・七

8.
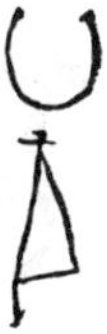
殷・爵・四

說明：世室例一　1.～4.內俘字，5.～7.後成圖字，8.○下與版四14.同觀。

廟堂例二——重屋

1. 
金・附上・十九

2. 
金・附上・十九

3. 
金・附上・十九

4. 
殷・鼎・三

5. 
金・附上・十九

6. 
殷・彝・二

7. 
殷・鼎・五

8. 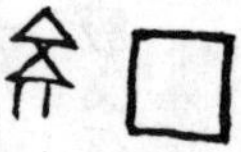
殷・觶・三

9. 
殷・鼎・五

10. 
殷・卣・三

說明：重屋例二　1.~5.重屋，6.7.下有羊頭，8.重屋，另方形，9.屋外弓鞀，10.上不明，下款非重屋，是享字，存款。

版二　廟堂例三——明堂

1. 
殷・爵・十

2. 
殷・爵・十一

3. 
殷・彝・二

4. 
殷・敦・四

5. 
殷・爵・十九

6. 
殷・鼎・七

7. 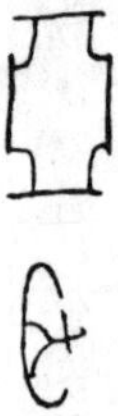
殷・彝・四

8.

金・附上・十

9.

金・附上・十

10.

殷・鼎・八

11.

殷・觚・乙

12.

殷・尊・三

13.

殷・卣・二

14.

殷・彝・二

15.

殷・彝・二

16.

殷・盉・一

17.

殷・甗・一

18.
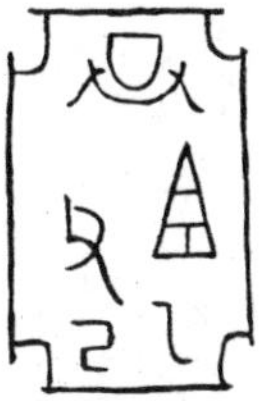
殷・卣・十

19.

殷・甗・一

說明：明堂例　1.～3.亞廟形，4.～6.明堂位，7.亞下，賜物車飾，8.～10.皆俘形，11.～12.冠服杖朝，13.～14.冠服，15.俘尊，16.糸俘，17.俘事，18.19.享飲。

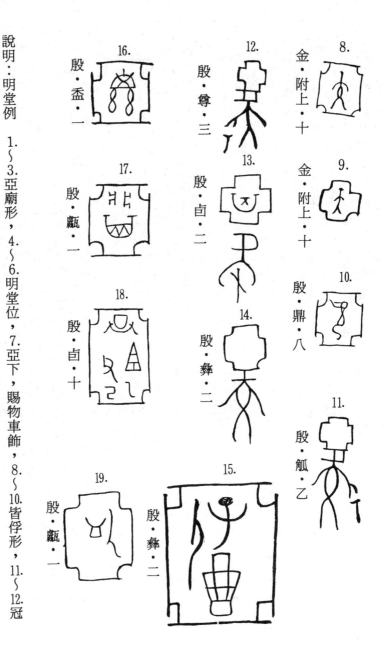

版三 仝上——明堂

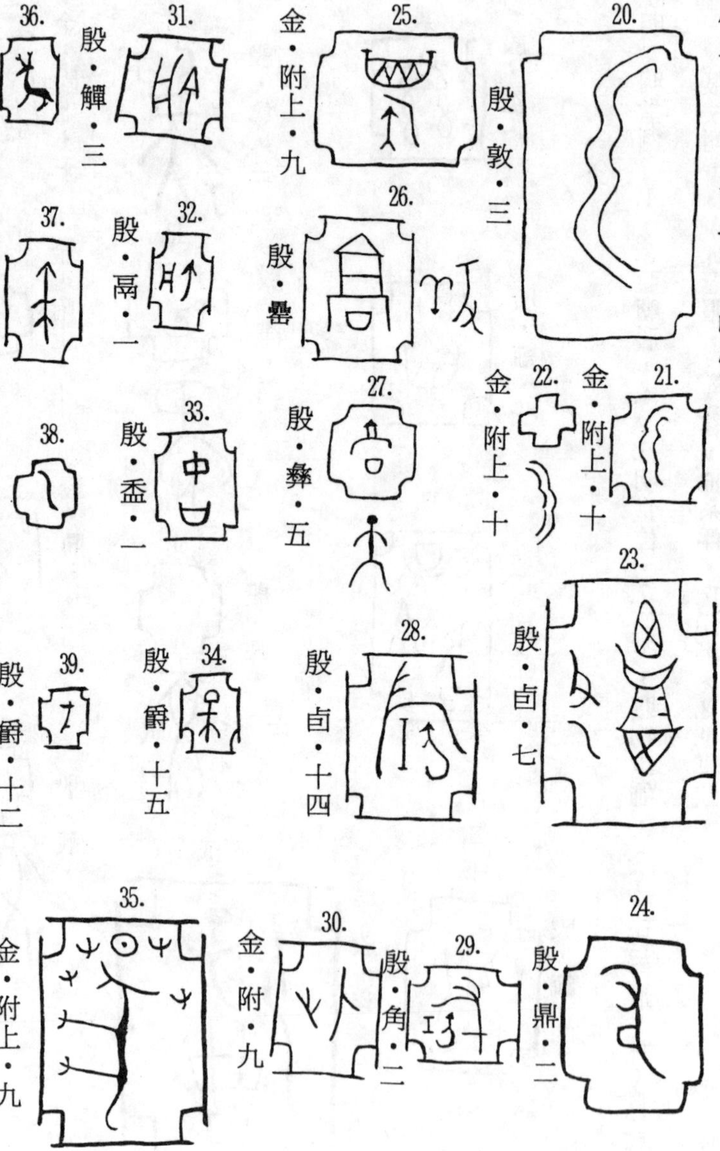

20. 殷・敦・三

21. 金・附上・十

22. 金・附上・十

23. 殷・卣・七

24. 殷・鼎・二

25. 金・附上・九

26. 殷・罍

27. 殷・彝・五

28. 殷・卣・十四

29. 殷・角・二

30. 金・附・九

31. 殷・觶・三

32. 殷・鬲・一

33. 殷・盉・一

34. 殷・爵・十五

35. 金・附上・九

36. 金・附上・十一

37. 殷・卣・十二

38. 金・附上・十

39. 殷・爵・十二

說明：續前明堂例 20.～22.雙弓，23.24.不明，25.[illegible]上器形與前7.13.同觀，26.27.高即享，28.29.旂、衛字，30.此：旨，31.～32.諭，33.34.誥，35.36.獲鹿，37.38.39.賜物：矢、刀、戈。

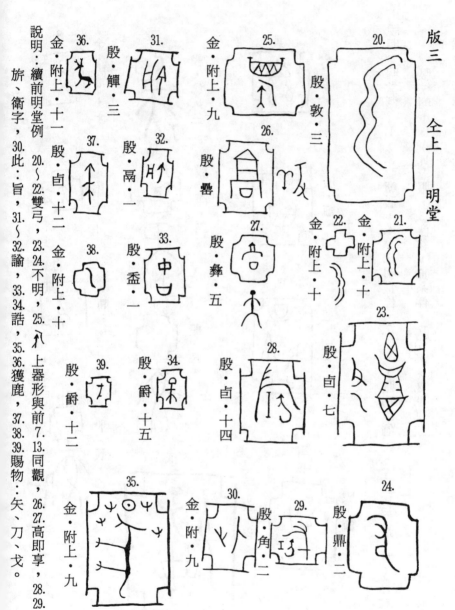

一昔禮家諄諄言「行禮必要有行禮之地」，於是明堂之說，蔚爲經生家之專業，世室、重屋、明堂，爲三代損益之制，惠棟明堂大道錄，阮元明堂論，皆各遠溯黃帝之合宮、神農之世堂（追稱）、堯舜之天府（五府）、夏之世室（太室）、殷之重屋、周之明堂，諸皆以經籍子史爲依據。

劇心鉥腎地爲萬古陳陳的歷史陳跡，希望作出一個總結，在一九五六年上半年陝西西安西郊，因新建築而發現漢代的明堂遺制，劉致平有勘查初記，王世仁繪圖，另有附錄，見五七年第三期文物參考資料，漢代明堂的面貌，豁然呈露在吾人面前，這是用眞憑實據的科學方法來講的。至於漢代明堂與夏商周三代明堂的損益程度如何，有待今時之學者，另行研究。

其僅據古器物上之銘刻，認辨古代之廟堂制度者，厥爲在以後出版之圖錄所謂亞字形者當之，茲要討論禮家所謂「行禮之地」，藉以明白這許多族徽中表現出什麼意義，正需綜合出再分別觀察其各個不同的行爲，演行成當時貴族階級之光宗顯祖榮耀門楣類似閥閱的痕跡，當先於此種世室、重屋、明堂等圖象中求之。

關於這「亞」的圖象，自宋代的宣和博古以下，至於明代的薛氏鐘鼎款識，他們解釋時，一概以「亞形」二字釋之，如此解說，等於沒有解說，謹慎歟？疑歟？

阮元的積古齋鐘鼎款識，試爲解說，先駁去錢獻之說而後申以己意，謂：「錢獻之以爲亞乃古黻字「兩己相背」取黻冕相繼之文，元謂黻與黼同爲畫繢之形，黼形象斧明矣，「兩己相背」，己何物耶？蓋「亞」乃兩弓相背之形，言兩己者譌也」。下引漢書韋賢傳師古註，「亞，古弗字也」又謂弼佛弗每相通假。又引說文「弼輔也重也」，輔即考工記「弓之茭」鄭註所謂弓檠，「重者二弓也」。又引說文「弗，橋也」，又謂「弗字明從二弓相背左右手相戾之文，此會意之指，凡鐘鼎文作亞者乃以輔戾二弓之象，正是古弼字，亦即是弗字……」，如此紆迴曲折的解說，無論古時作器時，是否心目中已預讀後人所著的漢書，師古註、說文、考工記、鄭註等繳要美茂之說，如阮公所云，頗滋吾人疑惑。即就其所徵引之「兩己相背」爲黻形「黼象斧形」言之，二語本孔傳，而陸德明經典釋文，則曰「黼音甫，白與黑謂之黼，黻音弗，黑與青謂之黻」，今若以圖象明之，即尊彝上所縷之形圖案，內爲「兩己相背」又其空處爲白實處爲青，即爲青白相間，這已成爲吾國民族形式最普顯之圖案，器具上牆壁上綢布上花邊上往往遇見此形，即在圖象文字中亦別有所見，將在其他類例中，申言以明之，在此亞形一象中，斷斷不是阮公所云，阮公同時及較後之金石考釋家如張陳潘吳，近及羅王輩，亦無發明。

日本人高田忠周著古籀篇及學古發凡，觀其發凡起例，著殷勤，茲錄其對於廟堂圖象之解釋三節如後：

一、室字是古文，古人繁簡不拘，而無失其要所也，今據此文考工記匠人夏后氏世室殷人重屋，世室即大室，公羊十三年傳魯公世室，群后稱宮，書洛誥王入大室是也，其古舊制度，以作五室，如，東西南北四堂其中

大室，而殷以前無覆蓋，露處霑雨，至殷四室上更重加覆蓋，此謂重屋，詳見文法條下自註之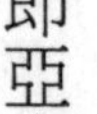即亞字，四隅小室謂之阿室（見發凡條一下五十七葉後）。

二、其卷三文法條記宗廟例云皆宗廟太室象形，當最古室字：：與前文重覆從略……又引俞氏（樾）云：「夏制無重屋，四堂內霤，皆注大室，雖本古中霤之道，然自堂入室亦夏雨水之霑濡，殷人益以重屋，重屋四下之水皆由堂之外霤，以注於庭，則大室中無霑服失容之患矣，此殷人鑒於夏制而益加詳焉者也。」

三、卷七古宮室制大室條無所創見。

四、其書，書法條下，僅論書法，不關制度。

綜觀高田君所論，頗爲簡扼，或嫌其對三代之廟室，如此寫述，太不夠，不知在解釋圖象文字當然僅以圖象爲對象從而說解之，不是在寫明堂制的考覈文章，當然要用三代的制度介紹出來，不能爲高田君惋惜，又其所引俞樾的片段文章，亦夠明晰，單就重屋一名，而上推至夏之大室，下推至周之明堂，又以孔子「殷因夏禮」「周因殷禮」之文，以完成其說，研究古文字，不是考古報告，則其所憑藉，僅止於是，又何他求。

俞樾氏推考出夏無重屋是第一個證論，殷人益以重屋，是第二個證論，意即謂殷人即從夏制而損益之。沒有推究出大室之圖象如何，高田君以重屋之平頂者當之，又以東西南北四堂加四阿屋基地，解說亞形，不敢明言爲此即是周之明堂，又在他釋亞形，僅釋爲亞室，似嫌太易而又嫌不夠，吾意夏之大室或世室，殷之重屋，周之明堂，在圖象文字中當各有其形，吾人可即因俞高二君所探得線索而追求之，庶乎其可。

吾人在千古陳陳邱墓古迹中，探索不能聞見、不可捉摸的古景象古境界，但從文字中，書籍中討生活，一無生人的氣息爲之導引，無異沉迷在叢祠古廟中大繞圈子，不亦傎甚。

另外一條生路，王國維氏曾謂明堂之稱，在今時鄉村中，曾保存生人口中，謂今江蘇常州鄉人指廟堂前之天井地方爲明堂，此即「禮失而求諸野」的研究方法，猶求古音於俗諺同一理路，現查玄堂一名，今人口頭亦復存在，江蘇吳江與浙江嘉善江郇間，謂廟堂背後叫玄堂，又寺觀中塑北堂觀音處亦爲玄堂，與所謂廟堂背後者同一地位，又按太湖沿邊鄉村中四落搶角的農民住宅，是具體而微的宮殿式房屋，四角也有「觚棱爵起」的形式，不過沒丹雘彫飾，其形如：

上爲眞脊，中爲假脊（假的重屋），下爲垂簷。

其雙扇門前方丈之地，亦稱明堂。

不知王氏所指爲城市房屋抑鄉村房屋？

至其間架丈尺，則不能刻舟求劍，執一以求了，倘必欲窮其究竟，勢非結合實際一一就各地村舍實地測繪，終不能得齊一之答數，今時然，古時也然，漢明堂周明堂殷重屋夏世室之布席如何？尺度如何？非在本例討論之列。

我的意見：在圖象文字中，求夏商周三代廟堂之概觀，未嘗不可，據俞樾氏所說夏制無重屋，四堂內霤，皆注大室，再證一九五六年北京午門大樓上展出的北方五省在七年內各處工地所得之文物展覽會，內有陝西東城外半山坡發掘出來的先民住宅有圖形的屋舍而外繞以圓形的土牆，有方形的屋舍而外面繞以圓形的土牆，雖然時非夏代而地又在陝西，不能強指誣指爲夏之世室即如此，而其概觀，可以厓略見之，所以我的意見在圖象文字中之見有圓形方形者即以夏代之世室、大室之遺制擬之，況且鐘鼎文字中在銘前的圓形方形特少，在銘後者絕無，雖不能認爲此種器具與銘刻是夏代的文物，而至少是商初的器物，又其銘文是出於甲骨文之前，不爲大膽粗心之論斷。其圖象如：

參版一　1.至8.例

諸圓形中有成橢圓形者，因內刻銘文不同而有差異，亦有作方形者，時代特早，不爲夏制，必爲商初制。

其次，我可以論及殷之重屋，俞樾氏謂：「殷人加以重屋，重屋四下之水皆由堂之外霤，以注於庭。」此可證以各地祠壇廟觀及今制各工場之廠屋氣樓，皆有麗婁通明之象又以鄉村中農民屋宇之形制觀之，是重屋之槪觀，在圖象文字，只須用看圖識字的方法，但憑直觀，一索即得。例如：

參版一　1.至10.例

時代次早，可斷爲殷商制。

再次，我們論及圖象文字中最習見之亞形爲周之明堂，周官匠人明堂四周，爲明堂、玄堂、青陽、總章，堂各有左右個，得十二室，四隅爲阿室，即圖象中之斷缺處，阮元氏認以爲是兩弓相背，錢獻之認以爲是兩己相背，孫貽讓以爲四戈連綴形，諸皆失之，亞之圖甚多，除媵器中亞形內所刻圖文幾乎一律外，其他圖形或在內或在外，或加在頭上，各具意義，而其要旨，總不外乎受命於廟堂歸而作器，一則以彰君命，一則以示子孫，其圖象如下：

參版二版三例　1.至36.

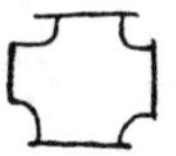圖形以方正爲主，其長方者變例。其數特多，時亦較晚，可斷爲周制。

總上三種圖象藉以見大室重屋明堂是夏商周三代廟堂略形，而亦見君臣授命受命告冊賞賚之所出，即禮家所謂行禮之地，所以在銅器中，此類亦最多。

茲引惠氏棟總論明堂之言曰：「明堂者，天子大廟，禘祭、宗祀、朝覲、耕籍、養老、尊賢、饗時、獻俘、治麻、望氣、告朔、行政，皆行於其中，故爲大教之宮」。孟子勸齊王勿毀明堂曰：「明堂者王者之堂也，王如欲行王政則勿毀之矣」。歷來禮家經生家皆重視此封建舊制而徘徊景仰於其間。

倘即惠氏所列十二個明堂的作用，舉以爲名讀各種圖象文字之大意亦夠，與我前在第三節中所舉十八類例，無多大出入，是亦不謀而合，所見略同者。

舉凡商周銅器，除前陳簠齋所指出字大位離之刻文，是與本文異讀之外，又凡器上見有圖形〇，重屋形，亞形之三種圖象，即是族徽之標幟，或可說是其匡廊，吾人即是以求之，已可得一概觀。

圖解

廟堂例一　世室　8.圖形上斷，度原作不斷，因在鋬內，先刻後桿，爲桿所掩，故然。本院歷史系藏一父己爵，圓形上邊，亦爲鋬迹所掩，非斷缺也。1.～4.俘在廟中，5.～7.內爲都鄙等，後隨俗約成爲「圖」字。

廟堂例二　重屋　1.～5.正形，6.7.下有羊頭形，表養老事，8.屋外另有方形，9.屋左弓，弼爲弓檠，用以較正弓絃，世傳古玉件，有「工字結」一物，莫知所用，其形類此弓內所繪，圖象與實物印證，相互符合，故斷爲弓檠爲弼，是賞賜之物，10.不明，下疑是享字爲燕字，姑附於此，他器著享者甚多，應另爲例。

廟堂例三　明堂　1.～3.正形，4.～6.表室內位置，研究「明堂位」者，宜參此，7.亞下有賞賚物，殆車飾，他器盡有此象，8.9.內主立者，與服猛例中之主者相同，10.俘形，屈身，被一手抓住，同奚字同義，11.12.廟下一人冠服持杖，係被命杖朝，禮八十杖朝爲養老尊賢之典，13.14.冠服無杖，15.俘形，此俘字已將成爲定形，故子字左右手均上舉爲後獻俘諸形中之孑形獨異，此殆往時青鶴集志拈出以駁我獻俘說之通例歟？下著尊酒慰勞之意，16.俘，同奚，也與本例10.號同意，17.俎下有鍋鑊形與本例7.號同參，18.19.爲尊簋享飲事，20.～22.雙弓弛弦形，或是別物，未審，爲賜賚物可知，23.24.賜食賜物，26.27.高字，殆爲享義，旁有牧羊形，即爲後起之羖（養）字，此必爲孝養之義，28.29.建斿形，下爲衛國字簡形，此簡形字，古幣上亦有，當衛地之貨幣，歷代錢幣註錄家不識，得此益可彰明，蓋爲國省形而同形音，故爲國義，即虺形，借爲衛義，說解別見余所著「法文甲骨刻字考異補釋」，巴黎版。此可證圖象文字爲族徽爲圖騰之最現實，而不煩辨說之實據。

30.此字形，借爲「旨」，31.32.俞字形，借爲「諭」，33.34.告字形，借爲「誥」，35.36.一爲日暮時在圍坊得鹿，一爲鹿，是狩獵事，37.～39.錫賚兵器。以上三大例，諸皆在廟堂中行事，本例旨在說明夏商周三代行禮之地，內含各種行事，隨例附見，已有若干事例，可述如前。

茲綜合說明此三例之要點有二：

㈠器有世室之形者特少有重屋形者次少，有明堂形者大多而特多，此可見世代之先後，代遠者器少，代後者器多。

㈡在刻劃之技術言之，在夏代之刻劃，幼稚、纖弱、柔軟、簡單、小型、不整齊；而商代之技術較爲高明進步，看其制作峻厲、森嚴、畫穆、剛勁，再看實物，愈可明晰，此可與刻劃家，一道甘苦；周代之文字、制作，則因人事愈繁，而圖象中之摹仗摹路愈繁縟、寬放，掩映生姿，豐富多采，是其長處，又凡有圓形之廟屋形，準擬其爲夏代遺蛻，並不確定其爲夏代之器物，而爲商初制器，則可信任不疑，事在甲骨刻辭之前，極宜今視，研究圖騰者更爲一種難得之材料，與有亞形之圖象爲比，有一與什佰之差。

又三者，似宜分別言之，時代可有先後，茲不別，亦一疏漏處。

(2)獻俘例說（圖見版四1.至19.例）

版四　獻俘例

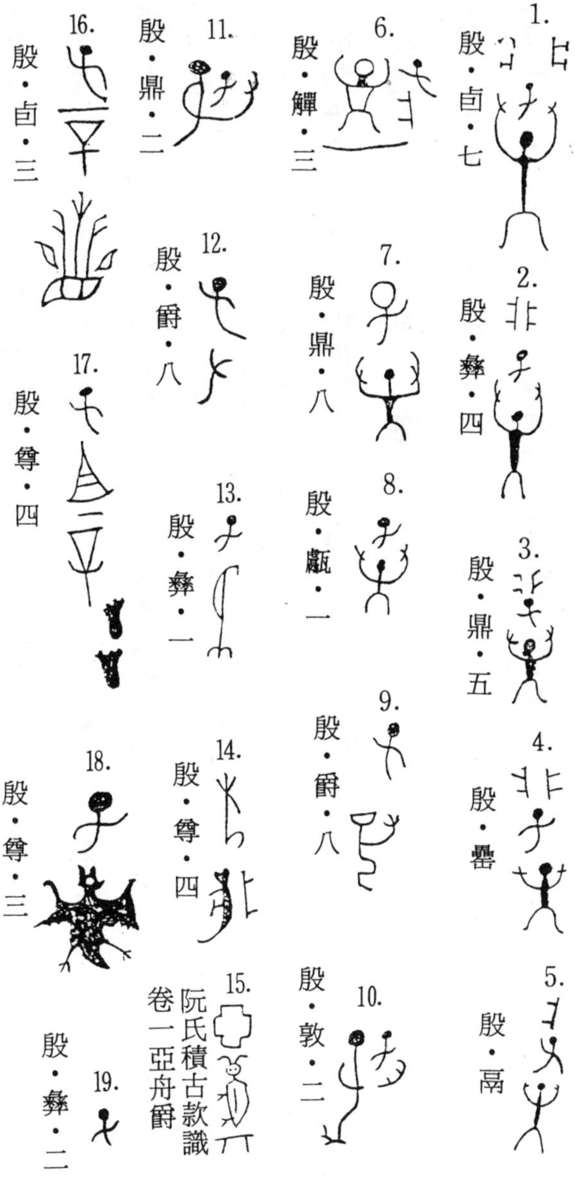

說明：獻俘例　1.～4.獻俘全形，5.6.一組，7.8.無俎，9.～11.側形，12.隻手，13.俘，賜鸞刀，14.15.俎上異形，16.俘，冠飾，17.俘，衛，18.俘，飲福，19.俘單字。

（7.～19.除14.15.外，皆省俎形）

吾人既明世室、重屋、明堂爲行禮之地，爲賞罰政令所出之地，進而探求其在此等場所所表演之作爲，在古銅器中，最多而最要之動作，上之所求於臣下，臣下之所報效於君上，在武士道時代執戈衞國藉以顯身揚名者，莫如戰爭，戰爭勝利，因之而「飮至、策勳」，是分內應有之事，故器銘中言饗言冊者艛艛不絕，而表現好身手，殺敵致果，上足以邀君寵，下足服衆望者，莫如振旅歸朝時，回報一些戰果，戰果維何？「獻俘」是也。

獻俘字義，換言之即詩所謂執訊獲醜，在器銘中，有曰執訊，有曰獻馘，如虢季子白盤言「折首五百，執訊五十」，又言「趄趄子白獻俘於王」，又如遣餠敦（見東武劉氏款識，亦見阮氏款識）：「遣從王伐梁，孚，用作餠殷」，此處「孚」字省亻旁作孚，單字成句，他處有作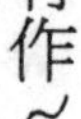，亦孚字，或釋爲孔字，非！孚不一定爲俘虜，俘獲財物，亦可稱俘，史記「俘厥寶玉」，此處獻俘連詞，繪有人形，決爲俘虜。

上述「孚」字从子、爪會意，从亻作俘之字，後起，豈知在我們所欲研究之圖象文字中，又有省去上面之爪子而但存子形者，此子字又不逕作子，而作，其形與子作，特異，分疏如下：

一、子字　篆作，兩手上舉，孩兒之天性使然，兩足在襁褓中，不能行走，故然。歷來文字學家之說，不悞！保字古作，猶見其襁褓形。

二、孚字　金文作或，甲文作或，身在繈緥之中，兩足失去自由，不能行走，而兩手一上舉，一下垂，下垂之手亦失去自由，故爾；留一手能活動，此俘虜被孚時捆綁之情狀確然，諸獻俘之圖象斠若畫一，無或例外，這是一個小小的通例，所以，吾人讀金文時，遇到凡一手下垂之子字，一逕可讀爲孚字爲俘字，百無一誤的。

不然嗎？吾昔著「析子孫」考，登載在暨南學報時，有青鶴雜誌之某君舉出一例，思欲以攻破吾說，惜某君未附拓本，又未言見於何書，以一例百，又其例之眞僞古近，尙待偵查，所以吾說兀然不能有毫髮搖落之想。

前疏說中，舉甲文，下有一斜形短畫，例與兩手上下舉同觀，不謂此些微之失，促成專家之誤解而又著爲異說者有之，前中央研究院語言歷史組董作賓君在蔡孑民先生六十生辰紀念冊中，發表「歸矛說」一文，其說迂迴曲折，說成此字爲矛字，爲兵器，兵器鑄成時歸納於某地以供軍用，歷記矛字下所錄數字，成軍實之紀錄簿，鑽研細瑣，跬步不移，既無經傳成事，又無考古實例，曲折杳繞，成一異論，應辨之。

董君還誠懇，還謙抑，當時出版後，還承其將抽印本見示，徵求意見，惜中日戰事旋起，未遇董君，亦未通信，按董君所謂「歸矛」實即「歸俘」也，因刻劃便利關係也可作，象矛頭形，遂被誤認。「獻俘」「歸俘」，事同詞異，言歸者，謂在外致獲，歸納於王，言獻者，自下上獻，二義初無異致，入周代以後，著爲禮文，「獻俘」二字一詞，隨俗約成，鑄爲成詞。

在甲文中，有「歸孚（孚）」字，孚有加亻旁作俘者，亦俘字，又有加女旁爲妤成歸好連詞者，俘虜有男女性的不同故字亦隨異，譬如甲文中牛羊字加七土以二形以爲分別，此種字例，孫貽讓以爲轉註。

好爲聲字，从女，孚省聲，法人某解此字爲从子女會意，可笑！引左傳「子女玉帛，惟君所好」「言歸於好」二文，是爲謬證，且所引二好字，體用不同，所好之好爲假借字，去讀。

然甲文中，另有「歸姘」字，將作何解？答曰：即此可證吾說可以隅反，董說膠著，不能隅反，吾說可通，董說不能通，在甲文姘字从井不从幵，非姸字，从井之姘亦女囚，井爲荷校形，此姘字亦有對文作井，（或解爲屍在柩中，非是！）刻法不同，例同俘妤；囚姘同爲男女性之差別。

前列好字，現作美好、愛好解，實爲後起義，借好（女孚）字爲之，俘爲呼氣聲，好爲吸氣聲，音實相同，此說吾前在巴黎大學作甲骨刻字考異補釋論文中引羅矢洛氏謂中國語者，不惟口齒有勁道，而胸腹翕張亦有關係，

列以爲證。

說獻俘例，尚未說及全例，上僅拈一俘字爲之疏解，爲俘省，又與矛混，與子異形異義，又與巳與邑亦有因襲，共有五個字形近似的糾葛，如下：

(1)　小篆子字。

(2)　金文孚，俘省，前人未曾辨出。

(3)　甲文俘孚省，非矛字，董作賓說誤。

（上三者成一通例，無例外。）

(4)　甲文巳，羅振玉氏以甲文干支表辨認爲巳字，自宋以下金石圖錄所列甲巳、丙巳、戊巳……干支不相值之字，遂可通讀，按巳爲蛇形，見其身首，中著短畫，言蛇之要害處，是指事非象形，與前三字有別。

(5)　古錢幣文安、長邑等文从之，前人未曾辨出。

復次，吾人試解獻俘之形狀，在圖象中無獻字之專文，僅作一大人形，比俘孚爲大，兩手上托，兩足下蹲，或側面人形，一手上托，或僅有一手上托（均見圖），實足表現出一副由下獻上之體段與姿態，古人解前一字爲子字，解此文爲孫字，謂孫輩盤桓鼓舞於父親（子）的膝下，因而造成法教士費氏子孫在祖父跟前之說，古人與外來之說都不可從，祇消用一語反質「任何古文字中孫字有作此蹲把狀否？」又「有子字有兩手上下舉否？」中國古字千變萬化，此俘字與上獻的形狀不變，獻俘說之成立，何煩再說，況有「獻俘」「獻馘」「執訊」「獲醜」等經文金文可證。

再次，吾人試解說圖象中之第一形，兆或非，何解？那便可怕了，一手兩足已經縛住的俘虜，掙扎不得，逃脫不能，由獻者舉起送上，事必須有受此犧牲品盛裝器，盛裝犧牲品之器具，厥名爲俎，那就是將這一組盛裝那縛住的俘虜，在太廟中作「人祭」了。

按俎有兩種，一種名房俎，見經傳，亦爲現時世俗通行裝載雞魚豬羊肉之箱格，在江浙間名曰「調箱」；一種名「床俎」或「牲俎」，即祭祀用具，用以架全豬全羊全牛者，其形側面而橫置之如下：

其側視形與現今之板床無異。

不過此是架形，身平放，頭上擱。

講及「人祭」，商周之際均有，左傳宋人殺鄫子以祭於睢次之社，孔子發揮了一篇人道主義之話，在杜預的注解中，活活地把殺人以祭的手續描寫出來，吾人還可以想見殷周之際「人祭」及「血食」的故事，祭時，當然先把犧牲品縛住，一面用椎擊其鼻，使鼻孔出血，一面用土鉶盛之，如是則血自血，人自人。先薦血於神前，後把完全的屍身盛裝在床俎上，像牛羊一樣，當作犧牲祀神，人祭之事如此。

現欲明白在圖象中床俎何以多有兩個，則前面讀法中說及這些圖象文字，他們爲求美觀計，簡單繪畫，作左右對稱形以爲文飾，一個兩個，無多出入，且銅器上亦間有作一俎者，此無關於文義。

又前讀法中，說及此種圖象，不能一定自上挨次順讀而下的，有須自下倒讀而上的，象卜易的卦爻一樣，自下數上，現在吾人可以翻檢任何一個的獻俘圖形，從下面看見有一位巨大有力的人，蹲身上托一個被縛的俘虜，一手兩足失去自由的，安置於床俎之上，又可想見這犧牲者，頭架擱在橫檔上，身橫施於俎上，足將下垂，其時屍體雖猶完整，而血液流注已盡，盛在土鉶中，供在神前，而陳師鞠旅的奏凱的樂歌，在鍠鍠地奏著，一幕殺人以祭的盛典，如是過著。

然而自宋以下的金石家、譜錄家、經學家，却在徵文考獻咬文嚼字地說：這是「析子孫」三字，他們解說：

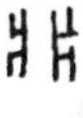 為析木形，謂木字篆文分開，成為片爿二字。

 誤認為子字。

 誤認為孫字。

駢湊他們的意見，他們有一個大前提謂這些文字刻在銅器上，是宗法社

會中，在宗廟中分析家產，宗子諸子析炊之後，用文字施諸祭器上以爲紀念，其說析木形，用易經鼎卦文「析木以爨」爲證，其說析產或析炊義，用禮記「析宗器」文爲證，這些都是僞證，先有成見大膽假設，比附求證，在不久的過去，外來學派靡漫於本國學壇上，所謂假設，所謂求證，並其所謂發明，如是。

吾人對於此獻俘一例，先辨認出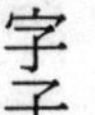字子字的不同成份，次認識出上獻之形態，後辨認床俎之形，從下面讀至上面，讀出此爲獻俘於俎上之形，再以經傳文句，銅器銘詞，甲骨刻字，左右洄溯，無不樂逢其源，迎刃可解，此千古來莫可解索的秘文奧義，眞能夠一旦豁然貫通了，起百十輩古人，包括作器者解釋者，本國人外國人，聚一堂而檢討及之，豈不欣甚！

又床俎之說，本王國維氏說且字而推演得之，附白。

圖解

獻俘例 15.一例最爲特出，亞下亓上，所獻之物，象一甲蟲形，有頭有身有足有觸角，設是甲蟲何必上獻，又何必銘功制器，又與前號14.同觀，前號略有人頭身手足俱全，加以「五花大綁」，一刀斫入腹中，決其爲獻俘人祭實例，而此例之甲蟲何意？故友葉君玉森，研究甲骨，成家成名，其拈出四時例中，有「在夏」一例，夏字與篆文訓爲北方大邑之夏不同，其字亦爲蟲形，有頭身角足，葉君定爲「蟬」字，蓋夏以蟬鳴，蟬以夏名，與「春、秋」各以時物產物得成形而成字者例同，然則本例之15.號所置在俎上之俘虜，爲夏氏族之俘虜歟？惜葉君墓已宿草，木已拱手，不得與商兌及之，而吾以自堅吾信，亦籍以支持葉君之說之爲神悟矣！

以小例爲後之窮究圖騰學說者，不可輕易放過。

例中1.—12.諸圖形皆類似，或正或側或簡，皆一望可喻，13.爲獻俘後賜以彎刀事，所以知其爲彎刀者，上有鈴類，下有鐓屬，爲儀仗中物，16.下著冠飾，橫在目上，其爲獸皮帽鳴，與冒字冑字同一義例，17.下著足趾形，圖象有趾形者都有保衛，守衛意，18.蝠形借以代福義，福爲「飲福」祭享後「飲福受祚」（胙）見禮經，19.至簡單，僅爲手上下舉之俘字。

(3)伏猛例說（圖見版五1.至9.例）

版五　伏猛例

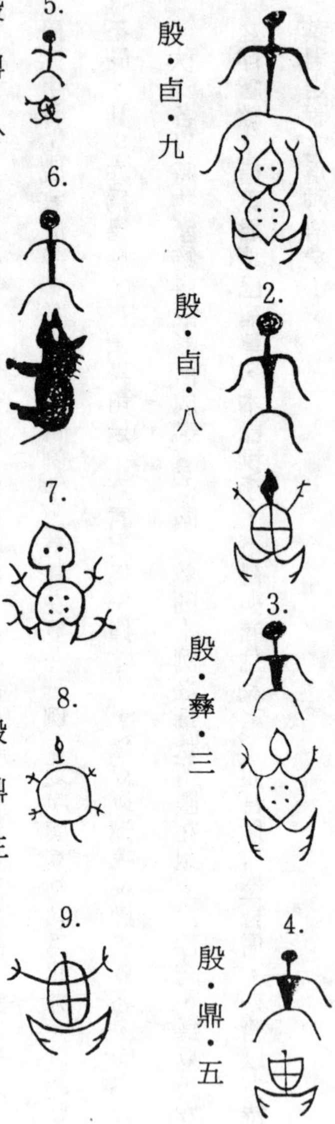

1. 殷・卣・九
2. 殷・卣・八
3. 殷・彝・三
4. 殷・鼎・五
5. 殷・鼎・八
6. 殷・彝・三
7. 殷・鼎・三
8. 殷・鼎・三
9. 殷・卣・六

說明：伏猛例　1.～3.伏猛正形，6.伏兕，4.5.9.所伏之龜已去首（俘亦有無首者），7.8.單著龜形。

武士道時代的君臣上下，好戰是其習性，除戰事之外，那就盤遊無度，以畋以漁，加之荒於酒色，以度剝削和享樂的生活，此從夏代到戰國的君王貴族，無不或多或少表演於金石刻辭，我們且讀五子之歌（不論古今）、酒誥、康誥、毛公鼎、孟子莊暴篇、石鼓文戰國時之車馬鏡狩獵尊罍在銅器圖象文字中，事同一律，可以窺見从畋、从苗、从獵、从漁、旅祭、祖道等紀錄，在漁畋苗狩中，臣下跟著君上，馳騁郊原，樂而忘返，最得意不過的是禽獲，讀京都兩賦時張衡班固所寫田獵盛況，自是實情，當時郊野周匝，山林起伏，雉兔細麟，所獲無算，而突遇猛獸，爲兕、爲虎、爲猳、爲猫（古時爲大獸）、爲犀象（北地有之），一時緊張的局勢驚心駴目，得之則喜，不得則惜，在得失紛爭之際，生死以之，況有捍敌君王、救護出險等傳奇性的驚喜故事，可以膾炙一時，可以取媚主人，遇著兇猛的野獸呼吸頃刻之間，能有從而制服之，或生擒或死致，即時呼聲震野，上下歡騰，這一位介士或武夫，豈不是桓桓糾糾，可以爲公侯之干城與腹心嗎？

這是簡閱，這是搏伐，事畢之後，也須振旅、收軍、奏凱、回朝、論功、行賞，而我們傳奇中的武士，出色當行，必定有旌賞，有溫俞，完之，回家祭祖榮宗，把這一件事描繪出來！

首一位大人，正面作騎士勢立著。

次著一猛獸，或虎、或猳、或象、或其他山獸，最普遍習見的是在大人的足下面對伏著一個大形黿魚（俗名癩頭黿），看來在若干器件上，這黿魚比較或多或少要比那位大人大一些，否則不足以見其兇猛之勢，其面對面的繪法，表現其制服之狀，其有較大的繪法，著其爲兇猛之勢，看其圖繪的特徵，神氣十足，決其爲伏猛無疑，而其首著的大人，亦可決其爲猛將無疑。

或問伏猛的圖象固知有伏虎、伏犀、伏兕、伏山獸等，不一而足，何以普通習見的繪法都作黿形？

答：此爲黿形耶？以其大者言之，固是黿形；以其小者言之，則爲黽形，龜爲癩蝦蟆，癩疙疤，兩者俱有癩癘狀，已屬可怕，兩者俱是頭大腹大更爲特徵，後世造作「黿」字，从黽而以元字注音遂有黿字，當時僅取其癩頭鼓腹可怕形狀以著兇猛之勢。

黽猛同音，祗是其介母不同，所以詩經文選「孟勉、黽勉」同義；又孟音、猛進同義，黽孟猛三字同音同義，故古人特借黽形之聲之義，以爲孟爲猛，而此處用伏字亦象其形作俯伏之狀，若在此所謂猛將大人形言之，則此大人爲施動之主格，應作爲「服」字，伏猛亦即爲服猛，周官有「服不氏」可證。

此上，我的申說略盡，總括前意，是：「從王畋狩的猛將，得了兇猛的野獸，致王歡悅，回而有所嘉許旌賞，因刻伏猛圖象於宗廟之祭器上以記功。」是也。

然而有若干舊說，應須聲辨以驅疑惑而堅信心如下：

阮元款識有多種，所謂子孫形的器，其卷一，十七頁子孫父戊尊下云：「案孫字象胚胎形」，一個癩蝦蟆形說他是胚胎形，倒也是異想天開，不知以何爲根據？阮氏作書時一輩門人子弟，總以宗法的子孫主義爲出發點，所以在獻俘例中之形，認他爲子，而在此例中，又以形爲子，又以黿形爲孫字的胚胎形藉以曲成其盤桓膝下之義，我要反問一句：「胚胎何以能在父親（子）的膝下，不在母親的懷中呢？又不知其所謂子下而有其他猛獸形者將何謂？

又阮氏款識卷五，九頁，祖己壺，案：「彝器有取乎龜者，龜即古文軌字，故簋之形象龜，以其軌物也，或曰古者寶龜故著其形，亦通。」阮氏在此器案語中，不堅持「孫之胚胎形」說而別著兩義，兩義實即爲一義，皆爲龜形龜義，惜其不認爲黿爲龜，而龜軌簋三字一音，實可啓發郭沫若讀毀爲簋先聲。

孫詒讓氏在契文舉例中識此黿形爲龜，非！

胡厚宣在他的甲骨文論集中亦釋爲龜，非。

爲進一步研究計收集更多的材料，明確出土的地點，認辨銘文的內容，推究氏族的世系在叢殘的古史中聯合左傳孔子問官於郯子以龍紀官以寫紀官，以雲紀官等文獻加以周代的司徒司馬司寇司空等名稱與別稱，樹立起若干圖象文字中確認清其爲族徽或圖騰的證據，這也是研究中國古史的一大幫助，茲附以兩三點意見以爲揭櫫。

㈠顧頡剛君以禹爲肸蠁蟲，夏民族以禹爲圖騰，是鑿空的，是憑片面的文字的，倘能有明確寫定，或畫成，或遞變的迹象，加倍的加工加力，未始無可信的曙光，此時，且尚有待。因爲禹字的第二義，還有正直義，字同偶（見考工記）、禹（正直的雖佩名）、矩，那末，堯，高；舜，美；禹，直；同爲美稱。

㈡郭沫若君以伏猛形中，上一形爲天字，下黿形爲元字，天元與軒轅古音同聲，他即認爲這是黃帝軒轅氏以後的族徽，這是在考古上講來，是一片曉人石器，爲其有圖象文字固定的寫下來，傳述在吾人的心中、手中、目中，況且以後有曆時期的銘文、閥閱、印術、郡望、堂名、匾額、綽楔以及外圍民族的實例，都可作研究此一說明的幫助。

㈢在此處，我也推荐出幾個例子，可能接近郭氏所謂族徽與圖騰的圖象文字如下：

⑴本例伏猛一形　好在個別圖形下，有兕形猳形，可以作爲犧牲解，將前後意義聯合起來，明明是「伏羲」二字，可以說是伏羲以後氏族的圖騰。

⑵有龍形者　爲豢龍氏以後氏族的圖騰。

⑶有鳥形者　爲祝鳩氏鶌鳩氏以後氏族的圖騰。

⑷有刊木形者　爲燧人氏以後氏族的圖騰。

⑸有禾稼形者　爲神農氏以後氏族的圖騰。

⑹有燕形者　爲殷民族以後氏族之圖騰。

⑺有足跡形者　爲后稷氏以後氏族之圖騰。

⑻有牧馬者　爲嬴秦氏以後氏族之圖騰。

⑼有弓形矢形戈形旗形者　爲始造弓矢戈旗者以後氏族之圖騰。
⑽有尊壺缶鬲形者　爲昆吾氏以後氏族之圖騰。
⑾有史冊形者　爲某期太史氏以後氏族之圖騰。
⑿有其他器物形及有城郭堂屋者　爲各發明某事物之創造人與建城郭堂屋者以後氏族之圖騰。

如是等等若能以器物以出土地以氏族遷徙跡象，加以證實，中國古史，可將推進千萬年，我的建議，我的例子，修正復修正，得出一成熟之結論，我願爲之推轅輓車，願爲之執鞭擁篲，並非絲毫沒有希望，而其功力倍加，成熟之結論得出後，我此篇名讀例，亦是一種說明書，非浪費筆墨與心思者。

圖　解

全例除6.號外皆爲黿形，阮氏積古齋解爲「孫子之胚胎」者固謬，孫貽讓董作賓解爲龜字亦非，郭沫若識爲「黿」字是也！然其解天元爲軒轅，步驟太快，尙宜按塗索慎爲之，6.下爲兕形，兕著其兕猛，黿著其醜怪，皆有伏猛意，4.5.9.三號，黿去其首，殆狀其斬伐之後，獻俘事亦有已梟首者例與此同。

或曰：漢時銅洗中，亦有陽識大黿何故？豈亦伏猛事耶？答曰：時代不同，因漢時與三代不同時，故異，漢洗有魚，洗以盛水，僅取「魚龍曼衍」之意罷了，洗中盛一大黿，有何不可？

(4)廟見例說（圖見版六1.至16.例）

版六　廟見例

1.

金·附上·八

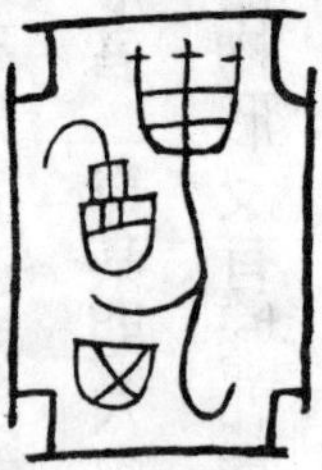

3.

殷·尊·二·文

4.

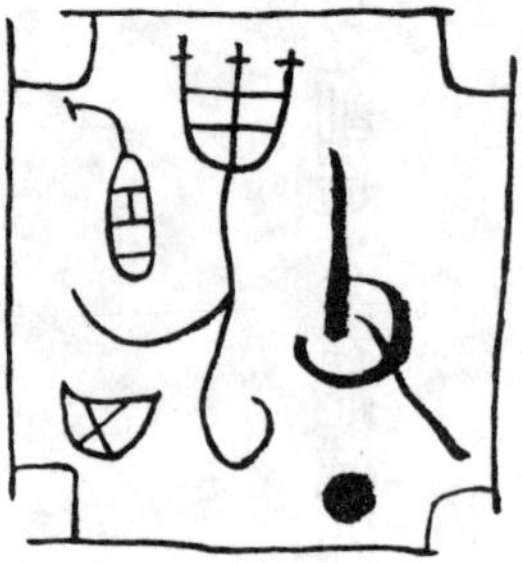

殷·鼎·三

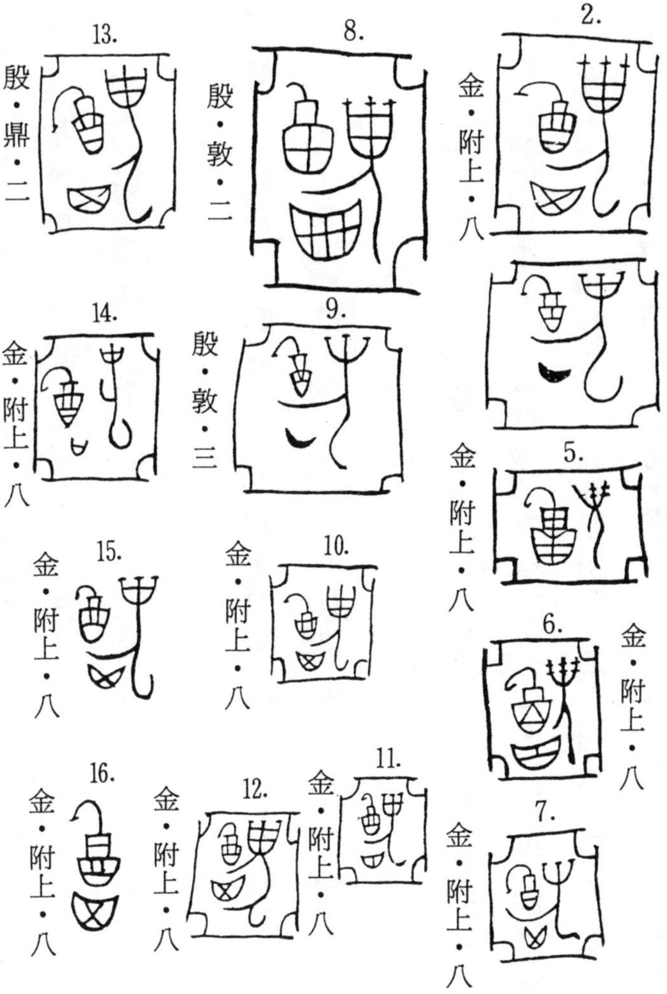

說明：廟見例　1.～4.、8.～13.正形，5.～7.、10.～12.變形（略見珠串），9.～14.略形，15.無亞形，16.僅存尊箕。

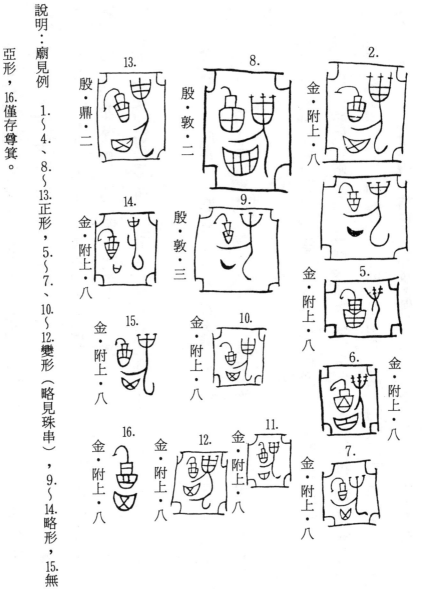

這些器件，都是媵器，是女子出嫁時的粧奩贈送給夫家的，藉以辦作三朝時廟見夫家的祖宗用的祭器，亞廟形中，有三個字形，一把是尊，口邊有酒漿外注；一件是竹箕；一個是主要的異樣裝束的人物，這人物最難詮解，我們若能攻破此堡壘，就可解決此一文字之謎。

我開始便說這是媵器，是廟見的祭器，已經無異將這個謎揭露出一半了。

先說媵，次媵器，次廟見，次三日而後廟見，次亞廟，次尊口酒漿流注，次竹箕，次釋不易詮釋的人物，次女子的身分，次頭上戴的什麼東西，次說妻。

媵从女朕聲，朕於古文作[illegible]，兩手拱火柱形，盛在盤（[illegible]）中，即得送義，時之媵妃媵姬媵妾，爲伴送新嫁女子之伙伴，在遠古劫掠婚的時候，男女兩家都有伙伴，辦打結婚，故在結婚時，兩家的伙伴都是打手，一邊迎，一邊拒，事有湊巧，情形不好時，例須大打出手，打有勝負，由離合而見悲懽，打勝的可喜，所以世俗成爲喜事，或有敗的，所以禮傳「婚禮無賀」，打勝一邊，掠奪得若干女伙伴，爲妃爲姬爲妾，婉委其名曰媵女，曰伴孃，在穆爾艮著的古代社會裏，名爲亞血族結婚。

隨後，文明一些，有儷皮之聘、雙鴈之奠，醮子三爵，而命之迎，於是有迎親之禮，兩族往返，不是仇家而是親家了，這無異是「化干戈爲玉帛了」，那時就有媵送器物之好意，媵送器物當然是一些賃器，是爲粧奩，預辦周到一點，加以祭器，在前文第三節內，我們曾述及造作各種祭之因由，十分鄭重，並引及禮經祭器不鬻，宗器不出彊之義，那末，女家自有之宗器，不能假借以爲媵器，倘使是家財富有的，可以預作，可以加上爲某父某祖作器之明文，而爲臨渴掘井，便給取用的，祇得到市上購入，所以此種媵器上，一有爲某作器，而一但有廟見圖象而沒有他種銘刻的，當時市上的商賈迎合社會家庭所需要，特地預先製成一些普通媵器，沒有爲誰而作的空白祭器，做一筆及時的買賣，也是允許的，禮經上的「祭器不鬻」，不是成文的禮法，而是可以權變的，非但賸器可鬻，而祭器亦有時是貨買來的。我們看有些器上但刻「作寶尊彝」數字，沒有誰爲誰作的空白銘文而可以知曉。

此種器件，說是廟見用的，何以知道？這爲它們都有一個亞字廟形，間有省去的，却少，有亞字廟形都爲廟見時祭器，第一例中說亞爲明堂形，然則這些賸器都是王后的賸器嗎？那又不盡然，明堂不一定王家始有，春秋末，戰國時，諸侯也有，不是在文獻上，古蹟上，我們知道齊魯都有明堂嗎？而且辨證這賸器是從那一國王室或貴族賸來的，那末有齊楚金文考及二晉金文考，可以作進一步研究的幫助。

禮文傳：「三日而廟見」，這個頗有意思，在强迫婚姻制度時（包括劫掠婚、買賣婚、媒妁婚），男女兩情之允協與否？生活條件之適宜與否？多有問題，事須假以時日，閱三日而兩情始協，無何障碍，所以禮家說解「三日而廟見，婦道成了」。這三日的時間，是猶豫時間，經過三日之醞釀，盡可不成婦道而各任自由，事實上雖然不會有此，而制禮者有此瓊思瑤想，可以說是周到之至；而說禮者說出「婦道行也」四字，亦甚體貼入微，我在這裏，徵引到這一節禮文，並非要爲舊制度辯護，深切體會到世傳「婚姻之道苦」，難道永古以來，婚姻之道，果然永以爲苦嗎？若然則何以有「宜其家人」「樂爾妻孥」之對文呢？

媵器上之亞廟形，都是特大的銘刻，要佔一字四倍餘之地位，最易識別，這是媵器，無空白的亞形，象其他冊命受授之多小形空白形。

亞廟形內有三個圖象：

(1)尊酒　前人已能認識，惟阮氏積古齋款識有異說，駁正在後。

(2)竹箕

(3)一個異樣裝束的人物。

這個人物，既然出現在廟見的媵器上，那末當然是女性的，字應作女，篆作，女字爲什麼這樣寫？說文祇說象形，不言如何象？象什麼？我們現在能夠把這字分析解說出來，比許慎還要進一步，先講女字，篆文中的一

筆是女子的軀幹，女子的身段窈窕的、婉委的、柔順的，所以她軀幹到中部以下，宛曲下來，作坐形，古無坐具，祇有茵席，那坐形即是跪形，即是安處形，古詩「不遑安處」「不遑居處」「不遑寧處」，諸處字皆作坐、跪解，此其一，次講上面的一形，是胸脯形，照現代的生理學構成男女軀幹組織條件的外內形來講，男子是胸脯緊峭而胸膛寬張用肺呼吸的；女子相反，胸脯寬大而胸膛狹窄，用腹呼吸的，所以女字的字形，古人觀察盡致，描繪出他們的胸脯與腿膝如此，但是還沒乳形，只是女而不是母，女字加兩點，即爲乳形，即爲母字，不多贅。

到此，我們解說那主要的、不易詮說的異樣裝束的人物，只有四分之一，既是媵器中間主位人物，應是女性的，何以不直寫一女子，而偏是作苗條的身段祇是坐跪著的人呢？這倒容易解說，是爲苗條坐跪的姿態，已經表示女性，千萬不能作女字，作了女字，那便變成甲文石鼓文的妻字了，又作字須偏讓，上半的字形，既筆畫繁多，下半的字形，就省了些也不妨，好在這字在塍器中斠若劃一，沒有例外，都作坐人形，即古兒字，即注音字母中的兒字。

況且，女子未成婦道時，不分性別，但言中性亦可，詩經「彼其之子」「之子于歸」皆以中性言之。

上半的異樣裝飾是什麼？是巾幗、是頭面、是宮粧，三短橫成一串，三長串成一形，都从文字寫法「略不過三」之例而構成此形，這是許多的珠玉纂組，裝成此豐容盛鬋的新嫁娘。我們年事略高的人，看見不久的過去時期一位新嫁娘，把嬝嬝婷婷的身段，珠珠玉玉、翠翠紅紅地裝束得頭似笆斗，身如栲栳的，即是如此，王國維氏說甲文的「妻」字，也如上說法，他又將遺留現社會的畲民風俗，用來作證：畲民中的當家主婦髮上作三叉高髻，是古時妻、婦的盛飾，保留至今時的，所以，我們在這些圖象文字中可以看出三古時的新嫁裝飾，如此，後一代的年輕人們，要曉得古時新嫁娘如何裝束，且看此圖象文字，又須一讀此文。

在亞廟中，新嫁娘以外，有尊酒，有竹箕，說解到此，就容易明瞭了。

尊是圓底，向時古制名曰「著尊」，禮王制「夏后氏著尊」，須手奉鄭重尊敬地安置席上（與卑字即杯字之對文），尊口有酒漿流注，用以見意，這是當時的婦女分內事，詩「無非無儀，惟酒食是議」。

尊下著一箕形，是竹編的，與帚同屬一類事物，箕帚之事，也是古時婦女分內之事，所謂箕帚之奉是也。

總上兩圖象，是繪出女子身分，執箕帚，奉酒漿的意思。

再總看上整個圖象，是在祖廟內，一位盛裝婦女，旁邊安著酒漿竹箕，言奉祀於祖宗之意，即詩采蘩采蘋，全章的意義，完全畢露了。所以說凡銅器有此種圖象文字的，都是媵器，都是廟見時器。

宋代的圖象家、款識學家，下及近時的金石家，對這些圖象文字，如何看法，他們不求甚解，但言亞形中，有尊箕，旁有「格上三矢形」，這「格上三矢」字，頗費解，讀者都以不解解之，陳簠齋於劉氏款識目錄中，亦拈出「格上三矢」字句，乃另外一「箙」字，與此圖象異。

阮氏積古齋款識，對此圖象，發爲高論妙論，在阮書卷一，卅二葉亞卣下案云：「卣形及其字，舊釋作尊綦二字，博古圖錄引列子「綦衞之箭」，以綦爲國名，殊未確，卣形即酉字，其，通丌，說文云：「丌，下基也，薦物之丌，象形，讀若箕同。」此銘上爲酉，下爲其，置酒於丌上，所以尊也，二文合，即爲尊字，又說文解字尊字云：「置祭也，从酋，酋，酒也，下其丌也。」是可證矣。「格上三矢」从舊釋，或曰：「此堂構形，說文冓字上形與此相類，有堂構而後可設尊丌，故詩曰：「自堂徂基」，義亦可通。

阮氏所說三文，一不對、二不對、三不對，合併起來四不對，引詩：「自堂徂基」之堂應在室外，所謂「垂堂」，所謂「唐塗」，堂與基地分相連，不能將堂與構上下相架，其所謂義亦可通，不知如何通法？

綜上說廟見作器例已夠，但有一點保留，倘欲在這些圖象中（媵器）組成圖騰——族徽之說，却是一個矛盾，因爲嫁女不將自己家裏的族徽帶到夫家使用、或炫耀，與後世郡望相當時代，或有用某郡奩用等字，足以識別，而此廟見祭器上，沒有母家的族徽，倘要說成此亞字形內之「尊、箕」及「矢上三格」形說成是某氏族之共同符號，則作者本人，敢謝不敏，倘一例推翻，把其他例子也推翻，可以嗎？敢問。

圖解

全形一律，位置皆然，無多解說，獨4.號多一「父丁」名號，諸器少有，疑非女宅具辦之器，爲夫家所製，故有所見先父之名字？他器在銘文，或見祖父、父、母名，非慣例，不爲說，15.16.並亞形而無之，將孰解？其非世族貴顯家之媵器歟？其爲士庶人家之媵器歟？懸之以待知者，其至可玩索者：5.—7.、10.—12.六器，新娘頭上之冠冪，略能見珠串，略不過三之意，9.號太簡單了，其箕形，似一新月，14.號箕形作一口形，似誤，然甲文中，凡屬容器，多作凵形，可指其爲脫略而不能說其爲錯誤。

六、結論

上篇八段，前四段爲說例，後四段爲例說，說例說例之由來，例說說例之究竟，第一段說明名稱，我不是名學家，而也要從正名入手。圖騰——族徽，事或相似，義有可通，而我舍去不用，選用圖象文字的名稱。第二段文獻，我不是經學家而偏要稱經道古。第三段作器，多用舊說。第四段讀法，則自我作古，倒讀、左讀、右讀，初無一定讀法，橫豎是圖象，是符號，聽其自然罷。第五段類例之一，廟堂例說，是導人想見夏商周三代之廟堂，因非專著，故亦說而不詳；之二，獻俘例說，是寫出一篇古時殺人以祭的血腥圖畫，是值得注意的，此說我創立二十餘年，胡厚宣編入五十年甲骨論著目，此篇行文不同，論證較爲成熟；之三，伏猛例說，說明古昔君臣遊宴般樂，禽獲自矜之態；之四，廟見例說，導人以看新娘，鬧新房。綜上諸篇，略抒所見，而筆墨疏澀不停勻，古俗不一致，是其病也，續斷寫成，一我要以啓發他人，二要待他人之啓我。

一九五七年十二月卅日杭州浙江師範學院　張鳳天方